Binäre Optionen:

Schritt fur Schritt Anleitung zum Geld verdienen mit Volatilitäts indizes trading

by

Richard Lee

RECHTLICHE HINWEISE

URHEBERRECHTE

Alle Rechte vorbehalten. Kein Teil dieses Buches darf in irgendeiner Form, elektronisch oder mechanisch, einschließlich Fotokopie, Aufzeichnung oder durch ein Informationsspeicher- oder Datenabfragesystem reproduziert oder ohne die ausdrückliche schriftliche Genehmigung des Autors weitergegeben werden. Dieses Buch kann unter keinen Umständen verkauft werden; Sie haben nur persönliche Rechte an diesem Buch.

HAFTUNGSAUSSCHLUSS

Durch die Verwendung der Informationen in diesem Buch stimmen Sie zu, dass es sich um allgemeines Unterrichtsmaterial handelt und Sie werden niemanden für Verluste oder Schäden haftbar machen, die sich aus den hier vom Autor bereitgestellten Inhalten ergeben

Bitte beachten Sie, dass der Handel und Handel mit anderen gehebelten Produkten mit einem erheblichen Risiko verbunden ist und nicht für alle Anleger geeignet ist. Bevor Sie solche Transaktionen tätigen, sollten Sie sicherstellen, dass Sie die damit verbundenen Risiken vollständig verstehen und gegebenenfalls unabhängigen Rat einholen. Jegliche Meinungen oder andere Informationen in diesem Buch dienen allgemeinen pädagogischen Zwecken und stellen keine Anlageberatung dar.

Copyright © 2018 Richard Lee
Alle Rechte vorbehalten.

Inhaltsverzeichnis

Inhaltsverzeichnis 2

Einführung 4

KAPITEL EINS 5

Einführung in den Handel mit binären Optionen 5

KAPITEL ZWEI 8

Wie man Handel steigt / fällt 8

    Sniper-Grafik-Wurm-Strategie 8

    Regeln dieser Strategie 9

    Geld Management 12

KAPITEL DREI 14

So handeln Sie mit Touch / No Touch 14

    Die Handelsplattform 20

    Berührt nicht Handelsstrategie 22

    BAISSE 22

    Die Keltner-Kanalstrategie 23

    Für den Kurzzeithandel 23

    Wie man Keltner-Kanäle handelt 24

    Die Obergrenzen-Strategie 24

    Die Middle-Band-Strategie 26

    Aufwärts / Abwärts (Aufstieg / Fall) Strategie 27

    Moving Average 50 Strategie (Die rote Linie) 29

    HAUSSE 30

Keltner-Channel-Strategie	31
Wie man die Mittlere Linie von Keltner Channels in einem Bullenmarkt handelt	32
Moving Average 20 Strategie (Die schwarze Linie)	32
Moving Average 50 Strategie (Die rote Linie)	34
Ein Wort der Warnung	34
Geld Management	35
KAPITEL VIER	36
Digits Matches	36
Digits Matches Strategy	37
Verfahren	39
Die geheime Nummer	40
Regeln der Strategie	43
KAPITEL FÜNF	44
Fazit	44

Einführung

Vielen Dank für den Kauf dieses Buches. Mein ultimatives Ziel, ein weiteres Buch in der Teach Yourself-Serie zu schreiben, ist es, Ihnen zu helfen, mit Binären Optionen zu handeln und Geld zu verdienen. Sie müssen nicht viel Geld bezahlen, bevor Sie lernen können, besonders binäre Optionen zu handeln.

Ich teile hier mit Ihnen meinen Erfahrungsschatz und Strategien im Handel, von denen ich hoffe, dass sie auch Ihnen helfen werden.

Bitte beachten Sie, dass zum Zeitpunkt der Erstellung dieses Buches einige Funktionen in der Binärplattform möglicherweise geändert wurden, die Prinzipien jedoch gleich bleiben.

Alles, was Sie tun müssen, ist buchstäblich alle Prinzipien und Strategien zu folgen, die in diesem Buch beschrieben sind, und Sie werden garantiert eine hohe Gewinnquote haben, was sich in einem sehr hohen Return on Investment (ROI) ausdrückt.

Haben Sie etwas dagegen, dass Handel nicht schnell reich wird. Sie können tatsächlich handeln und davon leben, wenn Sie sich an bestimmte Regeln und Prinzipien halten, die es leiten. Ich teile hier einige Strategien, die dir dabei helfen werden.

Ich hoffe, dass das Lesen dieses Buches nicht nur dazu führt, Sie mit Wissen auszustatten, sondern Ihnen auch dabei hilft, in Ihrem Handelsgeschäft Geld zu verdienen.

Ich hoffe, Sie werden nicht nur lesen, sondern auch das Wissen anwenden, das Sie in diesem Buch gelernt haben. Dann wird dein Handels Vermögen kommen.

Ich bin sehr zuversichtlich, dass das, was Sie lernen werden, Ihnen helfen wird, Geld mit Binären Optionen zu verdienen.

Fröhliches Lesen.

Richard Lee

KAPITEL EINS

Einführung in den Handel mit binären Optionen

Binäre Optionen werden auch als Alles-oder-Nichts-Optionen bezeichnet. Als Händler für binäre Optionen haben Sie zwei Positionen zu entscheiden, d. H. Wird der Wert eines Vermögenswertes steigen oder wird er über einen bestimmten Zeitraum sinken? Abhängig vom Handelsergebnis ist die Auszahlung ein vorbestimmter Prozentsatz oder nichts.

Zum Beispiel, wenn ein Händler erwartet, dass der Wert von EURUSD in einem gegebenen Zeitraum ansteigen wird, und richtig ist, dann profitiert er einen festen Betrag. Wenn der Wert von EURUSD jedoch sinkt, verliert der Händler den gesamten Investitionsbetrag. Es spielt keine Rolle, ob der Vermögenswert den ursprünglichen Preis um 1 Punkt oder 50 Punkte übersteigt, die Auszahlung ist gleich.
Binary ist einfacher zu handeln als Forex. Sie müssen nicht zu viele technische Details wissen, um Binäre Optionen im Gegensatz zu Forex zu handeln. Abgesehen davon sind binäre Optionen kürzere Zeit, manchmal so schnell wie nur 60 Sekunden, was wiederholte Handel und Erfolge erlaubt. Darüber hinaus können Anleger sowohl die Aufwärts- als auch die Abwärtstrends nutzen.

Trading selbst ist einfach. Sobald Sie Ihr Konto geöffnet haben, gehen Sie zur Handelsplattform. Wählen Sie das Asset, das Sie handeln möchten, die Ablaufzeit, ob der Wert steigen wird (Call-Option) oder herunter (Put-Option), und geben Sie dann den Betrag ein, den Sie anlegen möchten. Sie haben in jeder Phase die Kontrolle über Ihre Investition. Zum Ablaufzeitpunkt wird die festgelegte Auszahlung automatisch Ihrem

Konto hinzugefügt, wenn Sie erfolgreich gehandelt haben, oder der Investitionsbetrag abgezogen, wenn nicht.

Während die meisten Broker da draußen Händlern nur Optionen zum Handel mit Währungen oder Rohstoffen oder Aktien und Indizes anbieten, gibt es eine andere Seite von Binary Options, die binary.com seinen Kunden anbietet, um Geld zu verdienen. Dies ist der Volatilitätsindex.

Der Volatilitätsindexhandel ist ein Aspekt des Handels mit binären Optionen, der auf der Binary.com-Plattform gehandelt wird. Es ist stabiler im Vergleich zur Währung und unterliegt keinen Nachrichten wie die meisten Paare. Volatilitätsindizes verfügt über zahlreiche Instrumente zum Handel, wie der Volatility 10 Index, der Volatility 25 Index, der Volatility 50 Index, der Volatility 75 Index, der Volatility 100 Index und der Bear and Bull Markt. Bitte sehen Sie das Bild unten.

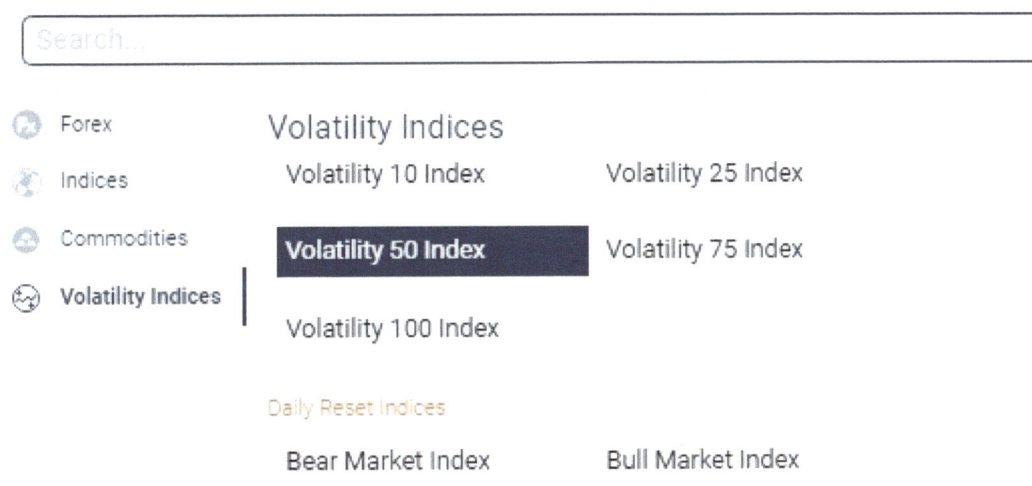

Es gibt mehrere Möglichkeiten, unter jedem Volatilitätsindex zu handeln. Wir haben Hoch / Runter (Rise / Fall, Höher / Lower) Touch / No Touch, In / Out, Ziffern, Asiaten und Lookbacks etc.

Siehe Bild unten,

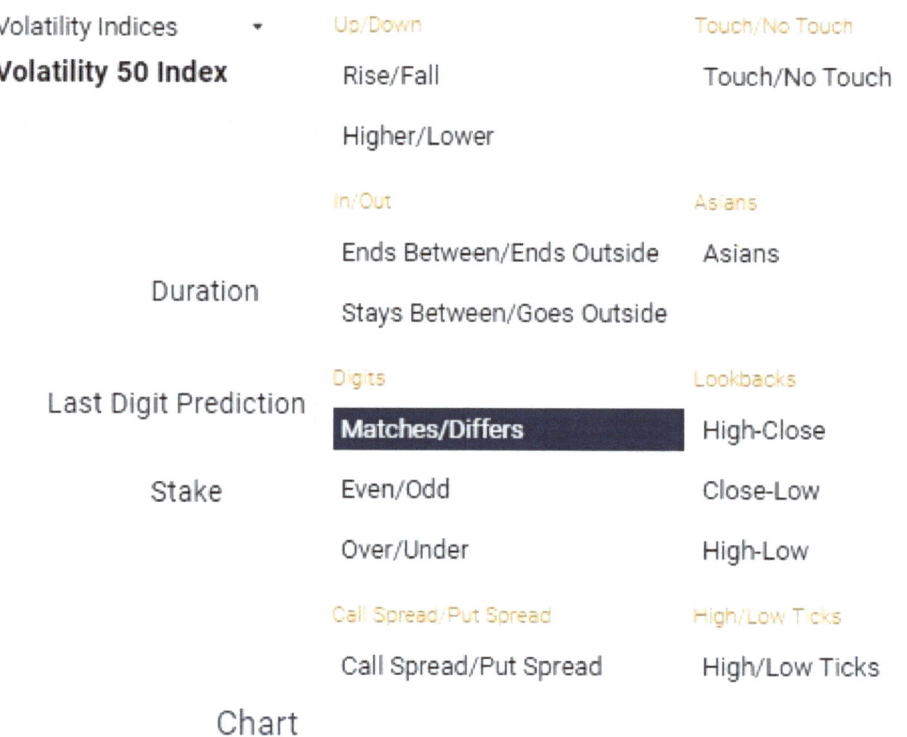

Möglicherweise müssen Sie jeden Index einzeln öffnen, da Sie in manchen wie dem Bear und Bull-Markt keine Digits finden. Trotzdem, um Ihnen eine Vorstellung von verschiedenen Handelsoptionen unter Volatilitätsindizes zu geben.

In diesem Buch werde ich Ihnen Schritt für Schritt zeigen, wie man handeln Up / Down (Rise / Fall), Digit Matches und Touch / No Touch handelt.

KAPITEL ZWEI

Wie man Handel steigt / fällt

Sniper-Grafik-Wurm-Strategie

Lassen Sie mich erklären, wie Sie den Volatilitätsindex mit dieser Strategie handeln können.

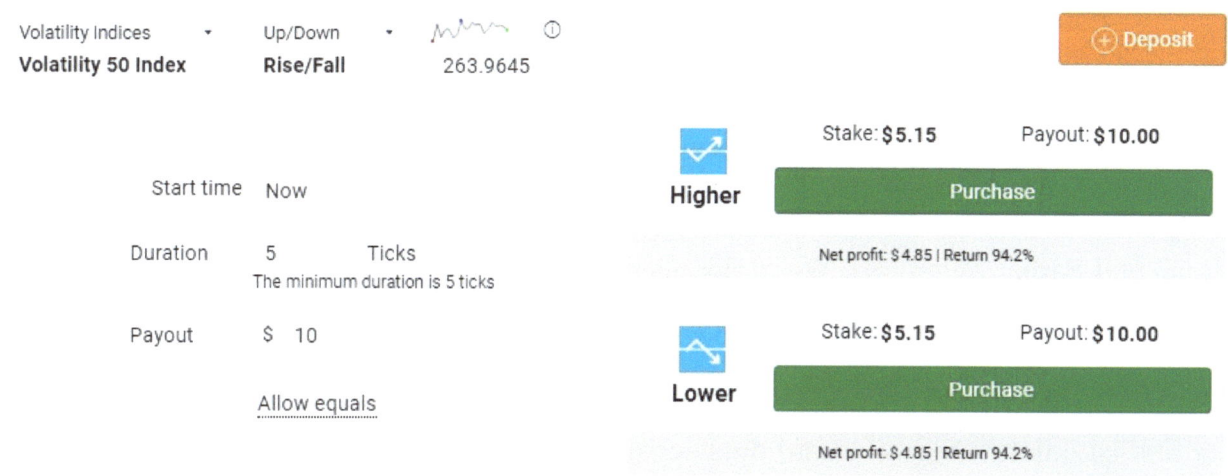

Dies ist eine Tick-Strategie. Wählen Sie Hoch / Runter und Rise / Fall. Wählen Sie unter Dauer 5 Ticks, platzieren Sie Ihre Wetten oder Ihren Investitionsbetrag und Sie können entweder höher oder niedriger klicken.

Sehen Sie im obigen Bild die Linie, auf die ich mit dem roten Pfeil gezeigt habe? Das ist der Grafikwurm. Es besteht aus vier Teilen. Der rote, blaue und grüne kleine runde Teil. Das extreme Ende hat den grünen runden Kopf wie ein Wurm. Der vierte Teil ist der Farbanzeigepreis 264.0470, wie oben gesehen. Siehe Bild unten

Der rote Pfeil zeigt auf den runden Teil. Der blaue Pfeil zeigt auf den runden Teil und der grüne Pfeil zeigt auf den Wurmkopf.

Regeln dieser Strategie

Unser Fokus ist der Kopf des Wurms und der Farbanzeigepreis, der BLAU oder ROT sein muss. Wenn der Kopf des Wurms sich zu ROT ändert, zählt der nächstfolgende Kopf- und Farbanzeigepreis. Wenn der nächstfolgende Preis für die Kopf- und Farbanzeige auch mindestens 3-mal ROT ist und keine andere Farbe dazwischen ist, müssen Sie bereit sein, Ihre Position einzunehmen (in diesem Fall HÖHER). Wenn dies der Fall ist, klicken Sie sofort auf die nächst höhere Farbe, die BLAU ist.

ABER wenn der Kopf des Wurms BLAU ist, zählt der nächstfolgende Zahlenfarbanzeigepreis, wenn BLAU aufeinanderfolgend ohne irgendeine andere Farbe dazwischen liegt. Dann machen Sie sich bereit, Ihre Position zu übernehmen, die LOWER ist. In diesem Fall erscheint sofort die nächste Farbe, die ROT ist. Klicke auf LOWER.

Bitte beachten Sie, dass der Preis für die Farbanzeige oder der Kopf von BLAU UP oder HIGH anzeigt, während RED für Down oder Lower steht

Lass uns ein Beispiel sehen,

Wie Sie aus dem obigen Schnappschuss sehen können.
Der erste Farbanzeigepreis war ROT zusammen mit einem Grafikwurm des ROTEN Kopfes. Die nächste Sofortnummer war ROT mit ROTEN Kopfwurm. Es folgte sofort eine weitere RED-Nummer mit einem anderen Wurm mit ROT-Kopf.
Sobald Sie sehen, drei aufeinander folgende Farbe Display-Preis und Kopf der gleichen Farbe ohne eine andere Nummer Farbe oder Kopf dazwischen. Mach dich bereit, deine Position einzunehmen.

Jetzt können Sie sehen, dass die vierte Zahl BLAU mit einem GRÜNEN Kopf war. Es ist egal. Die Nummernfolge wurde mit den vorherigen drei ROTEN Nummern und dem Kopf in der Reihenfolge erfüllt. Sobald dies geschehen ist, klicken Sie auf KAUF HOCH.

Bitte beachten Sie, dass sich der Preis für die Farbanzeige sofort in BLAU geändert hat. Sie klicken gleichzeitig auf KAUF HOCH.

Lassen Sie mich Ihnen ein anderes Beispiel zeigen.

BLAUE KÖPFE kommen mit BLAUEM Farbpreis! Zähle 1

Der zweite Preis der Bewegung, die danach kommt, ist immer noch BLAU! Zähle 2

Der dritte Preis der Bewegung, die danach kommt, ist immer noch BLAU! Zähle 3

Machen Sie sich bereit, danach KAUF LOWER zu klicken. Wir haben bereits drei BLUE-Nummern und Kopfzeilen, die nicht von einer anderen Zahlenfarbe beeinflusst wurden.

Und der Preis für die Farbanzeige ist immer noch BLAU, ist immer noch in Ordnung. Kein Problem.

Danach ändert sich der Preis für die Farbanzeige zu ROT und dann sofort klicken LOWER.

Lassen Sie mich Ihnen ein anderes Beispiel zeigen,

ROTE KÖPFE kommen mit ROTEM Farbpreis! Zähle 1

Der zweite Preis der Bewegung, die danach kommt, ist immer noch ROT! Zähle 2

Der dritte Preis der Bewegung, die danach kommt, ist immer noch ROT! Zähle 3

Machen Sie sich bereit, danach auf HIGHER Position zu klicken. Wir haben bereits drei RED-Nummern und den Kopf in der Reihenfolge, die nicht von einer anderen Zahlenfarbe betroffen waren.
Danach ändert sich der Preis für die Farbanzeige zu BLAU, dann klicken Sie sofort auf HOCH.

Aber wenn zum Beispiel RED head erscheint und ich vom ersten RED Kopf aus zähle, wenn der Farbpreis und der Kopf nicht in SEQUENCE (Disorganized) sind, dann ist die Zählung ungültig. Ich werde das ignorieren und nach einer anderen besseren Sequenz suchen.

Geld Management

Diese Strategie funktioniert und es wird Ihnen helfen, Geld von Volatility Binary Options leicht als in Währung zu verdienen. Es gibt jedoch keine Strategie, die zu 100% perfekt ist. Wenn eine Strategie Ihnen hilft, 6 oder 7 von 10 Trades zu gewinnen. Es ist eine gute Strategie.

Der andere wichtige Aspekt des Handels ist das Money Management. Im Falle von Verlusten müssen Sie bereit sein, die Martingale-Strategie zu nutzen, um Ihre Verluste auszugleichen.
Unten ist ein Format eines Beispiels MATINGALE, mit dem Sie Ihr Kapital wiederherstellen können.
$ 0,5, $ 2,5, $ 6,25, $ 15,63, $ 39,07, $ 97,66.
Was das bedeutet ist, dass, wenn Sie $ 0,5 setzen und Sie verlieren, in der nächsten Handelseingabe $ 2,5, wenn es zu Verlusten führt, im nächsten Handel wieder $ 6,25 und

so weiter in dieser Reihenfolge setzen ... Dadurch werden Sie in der Lage sein, sich zu erholen Ihre Verluste und immer noch in Gewinn nach jedem Handel.

Bitte beachten Sie, dass der Einsatz von Ihrem Kapital abhängt. Sie können auch Ihren eigenen Geldverwaltungsstil abhängig von Ihrem Kapital entwickeln.

KAPITEL DREI

So handeln Sie mit Touch / No Touch

Um Touch / No Touch zu handeln, benötigen Sie die Trading View Platform, um das Diagramm zu erhalten.

Es gibt zwei Möglichkeiten, Ihre Trading View-Binärplattform zu erhalten.
(1.) Sie können entweder direkt zu https://tradingview.binary.com/v1.3.11/main.html oder gehen
(2.) Sie gehen zu binary.com in Ihrem Browser und folgen Sie den Schritten unten

Klicke auf Plattformen wie unten gezeigt

Klicken Sie dann auf Weitere Tools

Klicken Sie dann auf Try Trading View wie unten gezeigt

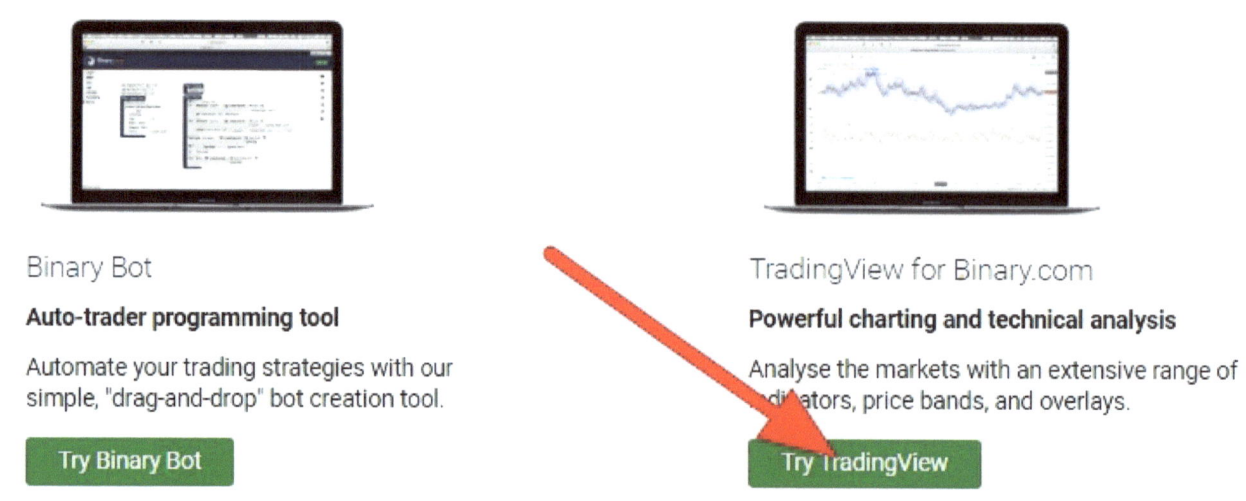

Das Diagramm wird so geladen

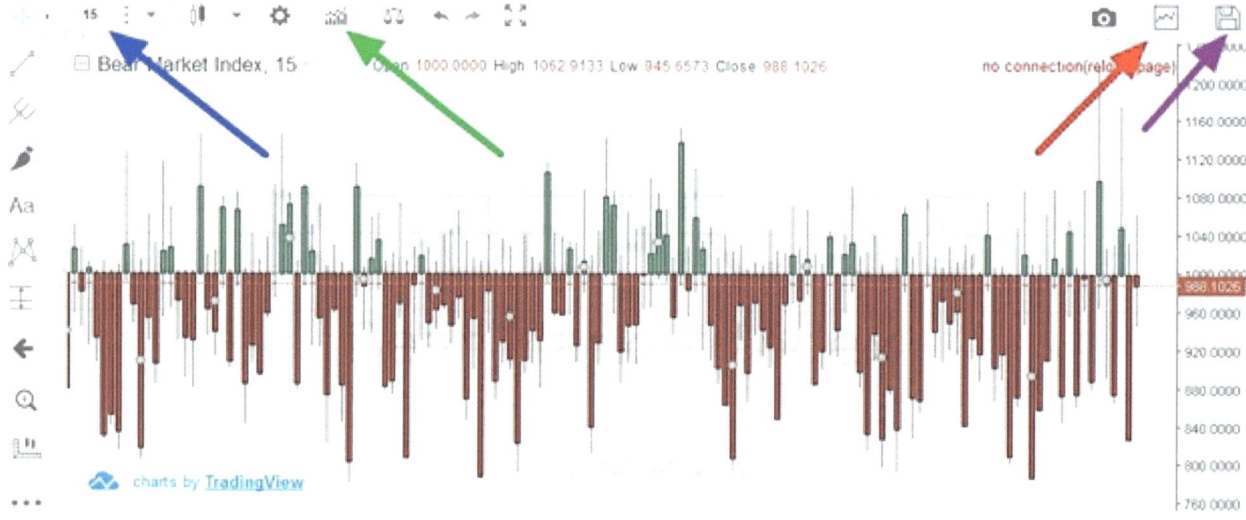

Der rote Pfeil zeigt an, wo das Instrument zum Handeln kommt. Wenn Sie darauf klicken, wird eine Seite wie die unten abgebildete angezeigt und Sie können Bear oder Bull Market wählen.

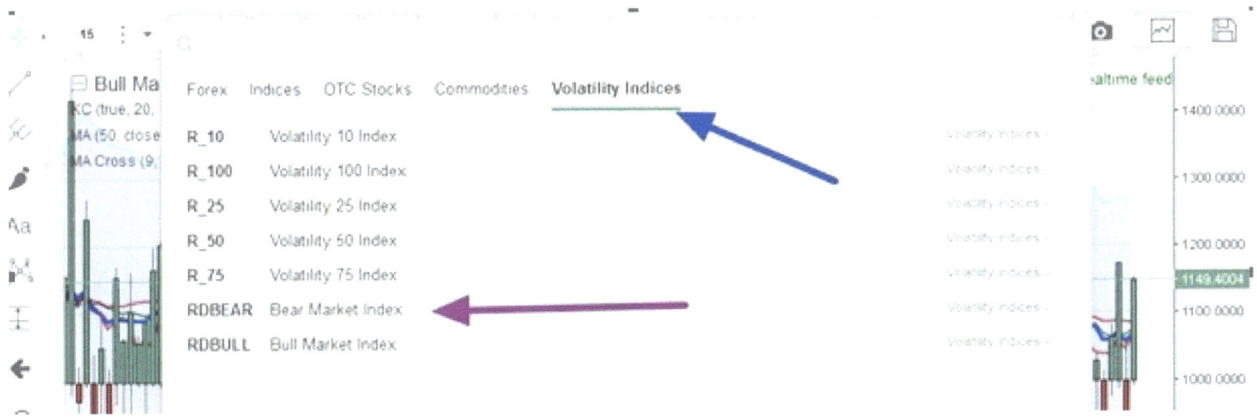

Der grüne Pfeil ist der Ort, an dem die Indikatoren ausgewählt werden.

Mit dem blauen Pfeil können Sie den Zeitrahmen auswählen, der 15 Minuten bis Stunden betragen kann. Und der Purple Arrow ist, wo Sie die Einstellungen speichern können, so dass Sie es sehen können, wenn Sie zum nächsten Handel zurückkehren.

Siehe Beispiel-Schnappschuss unten

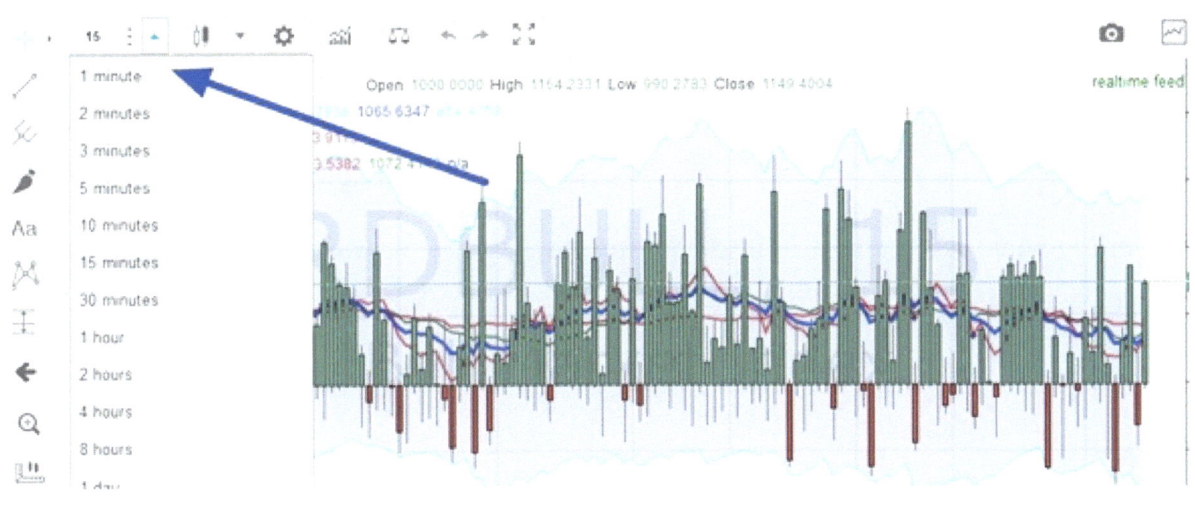

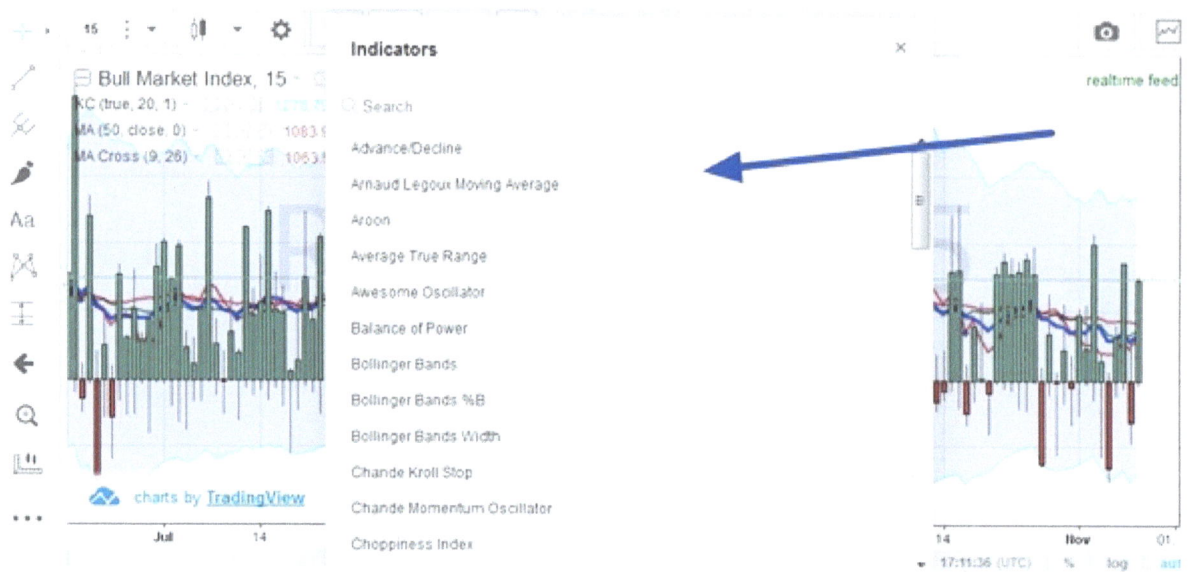

Sobald Ihr Diagramm geladen ist. Sie werden nun Ihre Diagramme mit zwei Indikatoren für unsere Strategie konfigurieren.

Der erste ist der Moving Average und der zweite ist der Keltner Channel.

Für Moving-Average-Einstellungen

Wählen Sie Gleitender Durchschnitt in den Indikatoren und füllen Sie die Details wie unten gezeigt.

Wir werden Moving Average 20 und Moving Average 50 verwenden.

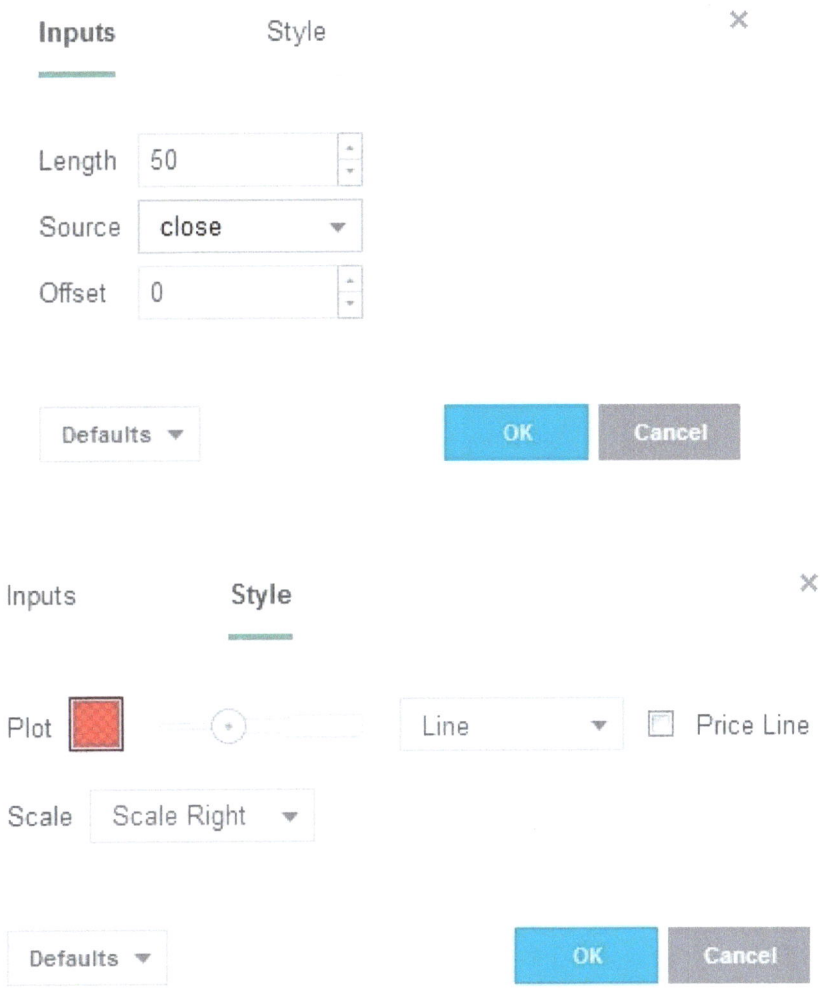

Wir verwenden rote Farbe für den gleitenden Durchschnitt 50. Sobald dies erledigt ist. Fügen Sie auch Moving Average 20 hinzu. Sie können jede Farbe Ihrer Wahl wählen. OK klicken. Und es wird in Ihr Diagramm eingefügt.

Für Keltner-Kanaleinstellungen

Wählen Sie Keltner unter der Indikatorliste und füllen Sie die Details wie unten gezeigt aus. Wir verwenden 20 unter der Länge wie unten gezeigt. Beachten Sie bitte.

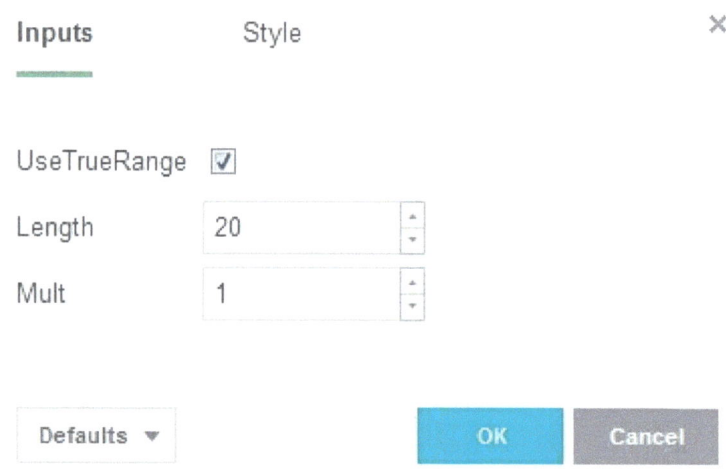

Sie können auf Stil klicken, um die Farbe der Linien zu ändern. Kelter funktioniert wie eine Bollinger Band, die drei Linien hat. Jede dieser Zeilen kann je nach Vorliebe eine andere Farbe erhalten.

Siehe unten

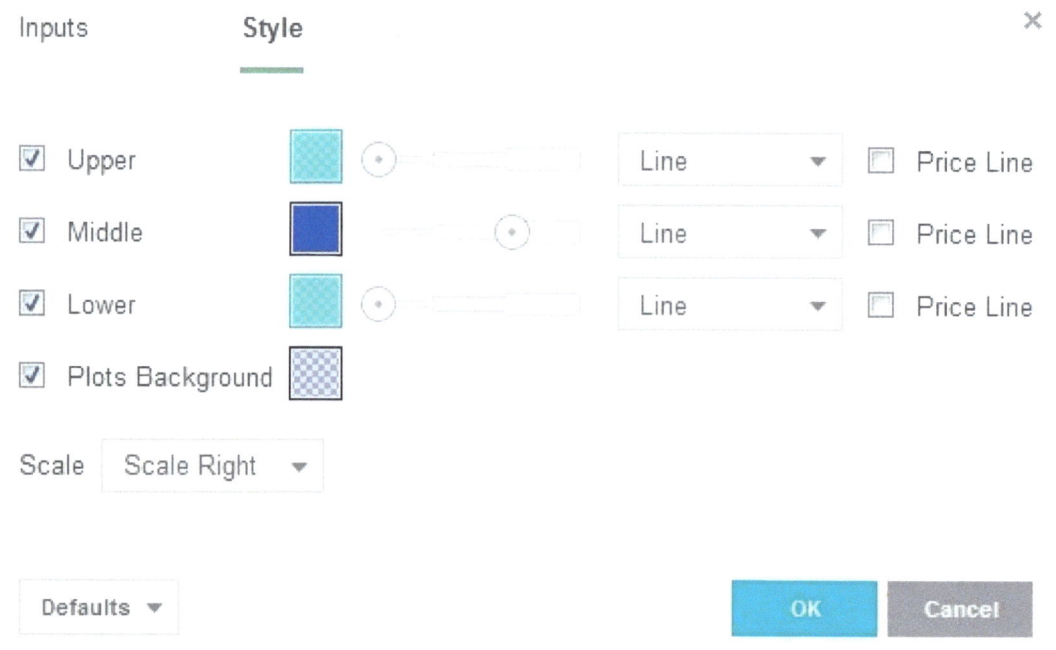

Klicken Sie dann auf SPEICHERN, um die Einstellungen als Vorlage zu speichern, die Sie später öffnen können, wenn Sie zum Handeln online gehen.

Ändern Sie jetzt Ihren Zeitraum auf 15 Minuten oder 30 Minuten oder 60 Minuten. Dies wird Ihr Standarddiagramm ändern, in dem Sie ein Histogramm zu einem Diagramm wie diesem unten haben

Die Handelsplattform

Lassen Sie uns über die Handelsplattform sprechen

Klicken Sie auf Volatilitätsindizes. Wählen Sie Bär oder Bullenmarkt.

Wechseln Sie dann von Rise / Fall zu Touch / No Touch

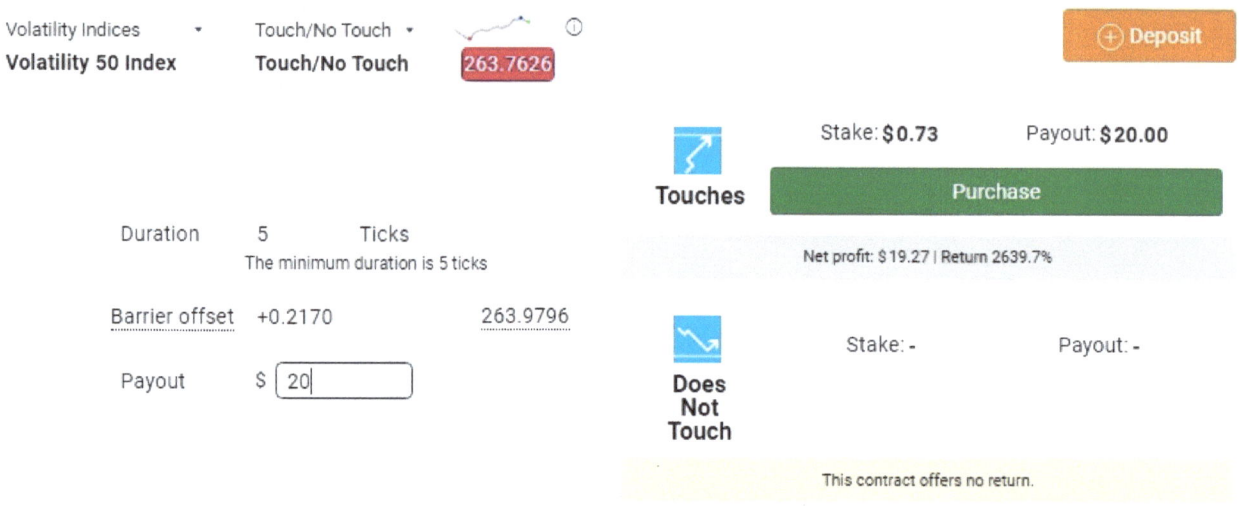

Dauer: Ist der Zeitraum, den Sie erwarten, dass Ihr Handel dauert oder möchten Sie Ihren Handel ausführen. Es kann von 1min Mindestzeitrahmen bis 15h sein

Barrier Offset: Ist wie Ihr Stop Loss in Forex. Dieser Broker wird Ihnen immer eine Standardschranke geben. In den meisten Fällen ist diese Barriere sehr nahe an Ihrem Einstieg. Alles, was Sie tun müssen, ist, es zu Ihrer eigenen Barriere zu machen.
Wenn Sie Ihre Barriere ändern, werden Sie bemerken, dass Ihr Einsatz steigt, während Ihre Auszahlung abnimmt oder umgekehrt. Standardbarrieren geben Ihnen immer eine enorme Auszahlung mit einem sehr niedrigen Einsatz. Aber sobald Sie die Barriere reduzieren, wird Ihr Einsatz erhöht und die Auszahlung wird sinken

Touches: In diesem Fall prognostizieren Sie, dass der Markt während eines bestimmten Zeitraums ein bestimmtes Preisniveau berührt.
Nicht berühren: In diesem Geschäft prognostizieren Sie, dass der Markt während eines bestimmten Zeitraums Ihre Barriere (Preisniveau) nicht berührt.

Werfen wir einen Blick darauf, wie man nicht mit dem Moving Average und der Keltner-Channel-Strategie handeln kann.

Berührt nicht Handelsstrategie

In diesem Abschnitt werde ich Ihnen zeigen, wie Sie mit Keltner-Kanälen handeln können. Bitte beachten Sie jedoch, dass Sie das Prinzip dieser Strategie anwenden können, um UP / DOWN (Rise / Fall) zu handeln. Beschränke dich nicht auf Nicht berühren. Sie können damit auch Rise / Fall handeln. Der Grund, warum ich dich lehre Does Not Touch ist, denn wenn du es richtig machst, kannst du leicht mehr Geld damit verdienen, da es dir eine höhere Rendite von 300% und mehr bietet, verglichen mit Rise / Fall, die dir 30 bietet. 35% oder sogar weniger.

BAISSE

Die Natur des Bärenmarktes ist, hoch zu öffnen und niedriger zu handeln. Dies bedeutet, dass es oberhalb des Schlusskurses des Vortages eröffnen wird oder sich immer öffnen wird. Die Rallye erreicht ein Hoch und fällt dann für den Rest des Tages. Diese Natur gibt uns einen Vorsprung, um den Trend dieses Marktes, der immer bearish ist, zu kennen.

Wie Sie aus dem obigen Chart sehen können, öffnet der Markt hoch über dem Schlusskurs des Vortages (ab 00GMT), handelte höher und fiel für den Rest des Tages. Sie können das Diagramm überprüfen, um dies zu bestätigen. Bitte überprüfen Sie den roten Pfeil. Es zeigt an, wo sich der Markt öffnet und wie er sich auf das Tageshoch staut, bevor er fiel.

Beim Handel mit dem Bärenmarkt nehmen wir unsere Handelssignale nur auf Basis der bärischen Kerze.

In diesem Fall handeln wir im Einklang mit dem Trend - ein Bärenmarkt zu sein. Wie wir bereits bei Forex wissen, ist der Trend Ihr Freund. Handeln Sie nicht gegen den Trend.

Die Keltner-Kanalstrategie

Die Einstellungen müssen wie oben auf der vorherigen Seite auf 20, 1 eingestellt sein. Es gibt zwei Möglichkeiten, wie Sie diese Strategie handeln können. Es kann entweder für kurze oder lange Dauer sein.

Für den Kurzzeithandel
In diesem Fall verwenden Sie einen Zeitrahmen von 15 Minuten oder 30 Minuten (Diagramm), um Ihr Signal zu erhalten. Die Ablaufzeit (welche Ihre Dauer ist) kann je nach Ihnen 30 Minuten oder 60 Minuten betragen.

Für den langfristigen Handel
Sie werden Ihre Dauer auf 4 Stunden, 5 Stunden usw.

Wie man Keltner-Kanäle handelt

Es gibt zwei Möglichkeiten, Keltner-Kanäle zu handeln.
(1) Du kannst Kerzen handeln, die von außerhalb der oberen Grenze der Keltner-Kanäle kommen und unterhalb der oberen Grenze oder auf ihr schließen.
(2) Du kannst auch das mittlere Band der Keltner Channels tauschen

Die Obergrenzen-Strategie

Wenn die bärische Kerze, die von der Außenseite der oberen Grenze der Keltner-Kanäle kommt, innerhalb der Keltner-Kanäle schließt (nahe unterhalb der oberen Grenze oder an ihr). Dann erwarten wir, dass die Kerzen oder die Trades versuchen, das mittlere Band der Keltner-Kanäle zu berühren.

In diesem Fall platzieren wir DOES TOUCH Trade und setzen unsere Barriere auf +6 des Defaultwertes. Wenn der Standardwert +2,453 ist, werden wir ihn auf +6,453 ändern. Eine weitere Möglichkeit, die Barriere zu erreichen, besteht darin, den Cursor ungefähr 1 oder 2 Punkte über der Signalkerze zu platzieren. Die Signalkerze ist die Kerze, die sich unter der oberen Grenze der Keltner-Kanäle kreuzt oder schließt. Es ist die Kerze, die uns einen Hinweis gibt oder voran geht, ja, Sie können jetzt Ihren Handel platzieren.

Bitte beachten Sie, dass die Barriere ist wie Ihre Stop-Loss auf dem Forex-Markt setzen.

Bitte überprüfen Sie die Pfeile in der Tabelle unten für die Beispiel-Trades

Baisse Chart

Dieses Diagramm enthält nur Keltner Channels Indicator

Ein anderes Beispiel wird unten behandelt

In diesem Diagramm werden alle 3 Indikatoren angezeigt.

Sie können aus der obigen Tabelle ersehen, dass der Markt oder die Kerzen von außerhalb der oberen Grenze kamen (von der höheren) und innerhalb der Keltner-Kanäle tiefer gehen.

Wenn Sie die obigen Diagramme sorgfältig beobachten, werden Sie feststellen, dass mein Zeitrahmen 1 Stunde beträgt. Ich habe das nur zu Unterrichtszwecken benutzt. Verwenden Sie 15 oder 30-Minuten-Diagramm für Handelszwecke.

Und ich möchte hinzufügen, wenn ein Trade Trigger auf Ihrem 30mins oder 15min Diagramm ist, können Sie Ihr 5min Diagramm öffnen, um Ihren Eintrag auszuwählen. Der Grund dafür ist, dass es Zeiten gibt, in denen der Markt nach oben kehrt, bevor er sich in Ihre Richtung bewegt - was dann fallen soll. Und wenn das Retracement lang ist, könnte es Ihre Barriere treffen, bevor es die gewünschte Richtung einschlägt. Manchmal ist es besser zu warten, bis das Retracement auf Ihrem 5-Minuten-Zeitrahmen endet, bevor Sie Ihren DOES-NO-TOUCH-Handel platzieren. In diesem Fall wird Ihr Handel sicher sein und Ihre Verluste reduzieren.

Die Middle-Band-Strategie

In einem Bärenmarkt, wenn sich die baissierende Kerze nahe der mittleren Bandlinie oder darüber befindet, bewegt sich der Handel (d. H. Die nächste und die folgenden Kerzen) abwärts. In diesem Fall platzieren wir einen DOES-NO-TOUCH-Handel. Und wir setzen unsere Barriere auf +6 des Defaultwertes wie oben erklärt.

Lassen Sie uns Handel Beispiele sehen

Die mittlere Bandlinie wird durch die blaue Linie angezeigt.

Aufwärts / Abwärts (Aufstieg / Fall) Strategie

Wie ich schon sagte, verwenden wir zwei Moving Average 20 und 50. In diesem Buch wird Moving Average 20 mit schwarzer Farbe angezeigt, während Moving Average 50 in roter Farbe angezeigt wird.

Wenn in einem Bärenmarkt die Kerzen unter der Linie Moving Average 20 liegen, wird der Markt für den Rest des Tages bis zum Handelsschluss fallen. Was dies bedeutet, ist, dass der Trend zu einem bärischen Trend geworden ist, und wir gehen davon aus, dass der Markt im Einklang mit dem bearishen Charakter des Bärenmarktes weiter nach unten tendieren wird. Der Markt respektiert immer den Moving Average 20 und sobald er den Markt durchquert und sich darunter befindet, ist der Markt für den Rest des Tages tendenziell niedriger.

In dieser Strategie werden Sie nicht DOES TOUCH Trade platzieren. Trade UP / DOWN (Anstieg / Fall) Handel.

Dauer: Stellen Sie Ihre Dauer auf mehr als 5-6 Stunden ein, abhängig davon, wann Sie Ihr Signal sehen.

Lassen Sie uns Handelsbeispiele für das Bear Market Chart sehen

Moving Average 50 Strategie (Die rote Linie)

Wenn sich auf einem Bärenmarkt die Kerzen auf oder unter der Linie Moving Average 50 schließen, bewegt sich die nächste Kerze oder der nächste Trade abwärts. Das gleiche Prinzip, das wir im Moving Average 20 beobachtet haben, gilt auch hier. Alle Werte unterhalb des Moving Average bedeuten eine Trendwende und es wird erwartet, dass wir mit dem Trend handeln. Der Markt respektiert immer auch den gleitenden Durchschnitt 50, und sobald die Kerze ihn überquert und sich darunter schließt, wird der Markt versuchen, seinen Fall fortzusetzen. Sobald Ihr Handelssignal ausgelöst wurde, legen Sie Ihren Aufwärts- / Abwärtstrend (Anstieg / Fall) fest und legen Sie Ihre Dauer fest.

Der blaue Pfeil zeigt Verlust an. Wenn Sie das handeln, erwarte ich, dass es ein Verlust wird, da es sich nicht wie erwartet in unsere beabsichtigte Richtung bewegt. Aber insgesamt gewinnst du immer noch. Von der Grafik haben wir 5 Gewinne und 2 Verluste.

HAUSSE

Die Art des Bullenmarktes ist niedrig zu öffnen und hoch zu handeln. Es wird also erwartet, dass der Preis bei jeder Öffnung tiefer fällt als der Schlusskurs des Vortags und der Handel für den Rest des Tages höher ist.

Da wir DOES NOT Touch handeln, werden Sie Ihre Barriere setzen. In diesem Fall ist das ein Bullenmarkt. Sie werden ein negatives Vorzeichen (-) entweder -6, -9, -15 usw. in den Standardwert einfügen, den Sie auf der Handelsplattform sehen, und Ihre Dauer festlegen. ZB wenn der Standardwert 2,3456 ist; Sie werden es in -6,3456 ändern. Das bedeutet, dass Sie voraussagen, dass der Markt Ihre Barriere während der festgelegten Laufzeit nicht berührt.

Schauen wir uns die Beispiel-Trades für jede der oben beschriebenen Strategien an ...

Keltner-Channel-Strategie

Da es sich um einen Bullenmarkt handelt, betrachten wir Bullish Candles, die von außerhalb des Keltner-Kanals kommen, die untere Grenze des Kanals überqueren und sich darin schließen.

Siehe die Pfeile unten

Sie können aus der obigen Grafik sehen, dass der Handel von außen kam (vom Tiefpunkt des Tages kommend), über die untere Grenze, entweder nahe an der Linie oder oberhalb der Linie und höher.

Sobald Sie ein Signal wie dieses sehen, platzieren Sie Ihren DOES NICHT TOUCH Handel. Setzen Sie Ihre Barriere als negativ für den Standardwert und legen Sie auch Ihre Dauer fest.

Wie man die Mittlere Linie von Keltner Channels in einem Bullenmarkt handelt

Immer wenn sich die bullischen Kerzen auf der mittleren Linie, die durch die blaue Linie oder darüber dargestellt wird, schließen, wird immer erwartet, dass sie weiter steigen oder steigen wird. Sobald dies entdeckt ist, platzieren Sie Ihren DOES NICHT TOUCH Handel.

Unten sehen Sie die Pfeile für Handelsmuster

Bullenmarkt Chart

Moving Average 20 Strategie (Die schwarze Linie)

Wenn sich in einem Bullenmarkt die Kerzen oberhalb der Linie "Moving Average 20" schließen, bedeutet dies, dass sich der Trend in "Aufwärtstrend" geändert hat und Sie nun mit dem Trend handeln können. In einem solchen Fall wird sich der Markt für den Rest des Tages weiter erholen. Seine Natur wird sein, bis zum Marktschluss höher zu steigen.

Bitte beachten Sie: In diesem Fall handeln wir für den Rest des Tages nach oben oder unten (Rise / Fall).

Immer wenn die bullische Kerze die Linie Moving Average 20 kreuzt und darüber schließt, ist das alles für den Tag. Der Markt wird bis zum Handelsschluss weiter steigen. Sobald Sie dies erkannt haben, legen Sie Ihren Up-Trade an und legen Sie die Dauer für die verbleibenden Stunden des Tages fest.

Beende dein Geschäft, wenn es dir das Doppelte deines Einsatzes gegeben hat, oder warte bis zum Ende des Tages, wenn du sicher bist, dass es nicht rückgängig gemacht wird.

Sehen Sie die Handelsbeispiele unten, wie durch den Pfeil angezeigt

Bitte beachten Sie das für diese Strategie. Sie müssen 1hr Zeitrahmen oder Diagramm verwenden, um Ihr Signal für den Handel zu erhalten.

Moving Average 50 Strategie (Die rote Linie)

Das gleiche Prinzip gilt für den Bullenmarkt. In einem Bullenmarkt wird sich der Markt immer dann wieder erholen, wenn sich die Kerzen oberhalb der Linie des Moving Average 50 schließen. Sobald dies geschehen ist, platziere dein Up / Down (Aufstieg / Fall) Trade und stelle deine Dauer ein.

Ich zeige den blauen Pfeil oben, um anzuzeigen, dass Sie zu einem Verlust geführt hätten, wenn Sie diesen Trade platziert hätten.

Ein Wort der Warnung

Ich werde erwarten, dass Sie nicht blind einen Trade platzieren. Das erste, was Sie tun müssen, ist den Bereich von Support und Resistance auf Ihrem Chart zu markieren. Hoffen Sie, was Unterstützung und Widerstand bedeuten? Sie sind Zonen in den Charts, in denen der steigende Preis auf Widerstand trifft und seine Aufwärtsrichtung stoppt und in Abwärtsrichtung (Widerstand) oder Zonen wechselt, in denen der fallende Kurs die Unterstützung trifft und aufhört zu fallen und zu kaufen (Unterstützung).

Sobald du deine Unterstützung und deinen Widerstand gezeichnet hast, beschwöre ich dich, jedes Signal zu ignorieren, das dich auffordert, deinen Up / Higher Trade um den Widerstand herum und deinen Down / Lower Handel um den Support herum zu platzieren. Das sind Gefahrenzonen, die Ihren Handel nicht dazu bringen, Ihnen Profit zu machen.

Geld Management

Bitte nutzen Sie die Martingale-Strategie, um Verluste auszugleichen. Das ist der Geldmanagementplan, den wir nutzen, um unsere Verlustgeschäfte wiederzuerlangen und immer noch profitabel zu sein.

KAPITEL VIER

Digits Matches

Unter Ziffern Übereinstimmung wird erwartet, dass Sie die letzte Stelle des Volatilitätsindexpreises nach 5-10 Ticks vorhersagen. Zum Beispiel werden Sie das Zehnfache Ihres Geldes gewinnen, wenn Sie voraussagen, dass die letzte Ziffer des fünften Ticks 9 wäre und es ist so. Aber wenn Sie 9 voraussagen und das Ergebnis 8 ist, werden Sie Ihre Investition verlieren. Das scheint am schwierigsten zu sein, oder? Mach dir keine Sorgen, ich gebe dir die Schritt für Schritt Anleitung, wie man mit Digit Match Geld verdient.

Ich habe den Schnappschuss unten gezeigt.

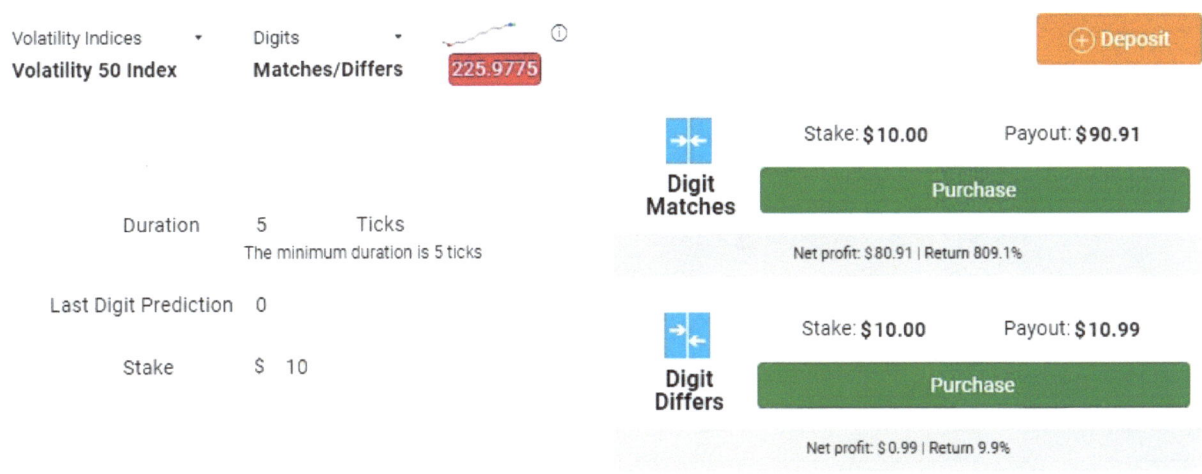

Sobald Sie auf den Volatilitätsindex Ihrer Wahl klicken, sei es 10, 25, 50, 75 oder 100. Ändern Sie die UP / DOWN zu Ziffern mit Übereinstimmungen / Unterschieden

Da Differs sehr leicht vorhergesagt werden können (das Vorhersagen, dass die letzten Ziffern des fünften Ticks keine gewählte Zahl sein werden), ist die Rendite sehr gering.

Um das Beste aus dieser Strategie herauszuholen, benötigen Sie mindestens $ 170 als Startkapital.

Digits Matches Strategy

Schauen Sie sich die Tabelle unten an. Verstehst du, was es bedeutet? Ich werde jede Spalte für Sie erklären.

Versuche	Anteil	Kosten	Fest	Kehrt Zurück
1	$1	$1	$10	$9
2	$1	$2	$10	$8
3	$1	$3	$10	$7
4	$1	$4	$10	$6
5	$1	$5	$10	$5
6	$1	$6	$10	$4
7	$1	$7	$10	$3
8	$1	$8	$10	$2
9	$1	$9	$10	$1
10	$2	$11	$20	$9
11	$2	$13	$20	$7
12	$2	$15	$20	$5
13	$2	$17	$20	$3

14	$3	$20	$30	$10
15	$3	$23	$30	$7
16	$3	$26	$30	$4
17	$4	$30	$40	$10
18	$4	$34	$40	$6
19	$4	$38	$40	$2
20	$5	$43	$50	$7
21	$5	$48	$50	$2
22	$7	$55	$70	$15
23	$7	$62	$70	$8
24	$7	$69	$70	$1
25	$9	$78	$90	$12
26	$9	$87	$90	$3
27	$12	$99	$120	$21
28	$12	$111	$120	$9
29	$13	$124	$130	$6
30	$15	$139	$150	$11

VERSUCHE

Dies ist die Anzahl der Versuche, in denen unsere Hits oder Wins voraussichtlich während der Testphase durchgeführt werden. Unser Kapital von $ 170 gibt uns den Luxus, von der ersten bis zur dritten Probe zu fummeln. Es wird erwartet, dass wir einen Treffer erzielen. Das Schöne daran ist, dass wir, egal wo wir unseren Hit machen, immer einen Gewinn haben werden.

ANTEIL

Pfahl bedeutet einfach die Menge an Geld, mit der wir investieren oder handeln wollen.

Ich nehme an, Sie werden es besser verstehen, wenn Sie nur durch den Tisch schauen.

KOSTEN

Dies ist der kumulierte Wert unserer Einsätze. Zu dem Zeitpunkt, an dem Sie Ihre erste Prüfung ablegen werden, zahlen Sie 1 Dollar. Aber zu dem Zeitpunkt, an dem Sie Ihren 11. Test absolvieren werden, wären 15 US-Dollar von Ihrem Konto abgezogen worden.

FEST

Das Fixed hier bedeutet die Menge, die wir erhalten, wenn wir einen Treffer erzielen. Denken Sie daran, dass wir zehn Mal von unserem Einsatz bezahlt werden. Also, unser FIXED wird zu jedem Zeitpunkt mal zehn des Einsatzes an diesem bestimmten Punkt sein

KEHRT ZURÜCK

Das ist unser Gewinn. Es wird berechnet, indem die COST von der FIXED subtrahiert wird. Das heißt, wenn wir beim 12. Versuch einen Treffer erzielen; unsere Kosten dort sind 18 $. Weil wir bei der zwölften Verhandlung 3 $ setzen, haben wir unseren festen; Das ist 10 Mal unser Einsatz wird gleich $ 30 sein. Deshalb ist unsere Rendite zu diesem Zeitpunkt, FIXED minus COST, gleich 30 $ minus 18 $, was 12 $ ergibt. Das bedeutet, dass unsere Rendite zu diesem Zeitpunkt 12 USD beträgt.

Verfahren

Bei Übereinstimmungen mit Ziffern wird erwartet, dass von Nummer 0 bis 9 die Zahl vorhergesagt wird, die nach dem fünften Tick die letzte Dezimalziffer ist. Sobald Ihre Vorhersage richtig ist, erhalten Sie das 10-fache Ihres Einsatzes.

Wir verstehen, wie das schon funktioniert. Sie geben Ihren Einsatz und Ihre Prognose ein und klicken auf Kaufzahlen.

Sehen Sie sich den Tisch wieder dort an. Dort oben gibt es "RETURNS" als Spalte. Wie ich erklärte, ist es unser Gewinn. WIE?

Wie gesagt, wir werden die letzte Ziffer des fünften Ticks vorhersagen. Das bedeutet, dass wir eine Wahrscheinlichkeit von 1/10 haben werden (weil wir zehn Zahlen von 0-9 haben) und dies scheint daher sehr schwierig zu sein. Ich sage nicht, dass ich Ihnen den Zauber geben werde, zu wissen, was die letzte Ziffer zu Recht sein wird. Aber ich werde Ihnen eine Strategie geben, die sicherstellt, dass Sie immer ein Gewinner sein werden, auch wenn Sie nicht mehrmals richtig vorausgesagt haben. Alles, was wir wollen, ist, dass wir nur einmal in etwa 25 Studien richtig vorhersagen. Das bedeutet, dass wir, wenn wir fälschlicherweise für 16 Mal vorhersagen und bis zur 17. Vorhersage, wir richtig prognostizieren, einen Gewinn haben werden. Was ich Ihnen zur Verfügung stelle, ist ein perfekt kalkuliertes Risiko. Die einzige Aufgabe, mit der Sie beschattet werden, ist die Wahl einer Zahl zwischen 0 - 9. Für jede andere Sache wird gesorgt.

Die geheime Nummer

Sie wissen ganz genau, dass wir eine Zahl von 0-9 als unsere Vorhersage wählen müssen, dass wir hoffen, die letzte Ziffer nach dem fünften Tick zu sein. Okay! Lass mich dir jetzt die Geheimnummer und die geheime Strategie geben. Die Zahlen sind 0, 1, 2, 3, 4, 5, 6, 7, 8 und 9. Die zehn von ihnen natürlich. Wie Sie sehen können, haben alle von ihnen gleiche Wahrscheinlichkeiten. Aber manchmal wähle ich normalerweise größere Zahlen. (5, 6, 7, 8 oder 9) mit unerklärlichen Gründen. Auch wenn ich auf diese größeren Zahlen zugreife, bevorzuge ich manchmal eine gerade Zahl (6 oder 8).

Im Gegenteil, wenn Sie überhaupt keine Einsicht in irgendeine Zahl haben und Sie Ihre Wahlnummer wirklich mit etwas assoziieren wollen, dann ist das für Sie sehr sinnvoll. Sehen Sie sich diesen Schnappschuss unten an

Klicken Sie mit dem BLAUEN Pfeil auf Letzte Ziffern Statistik. Dies bedeutet Statistiken. Wenn Sie darauf klicken, wird ein Tortendiagramm angezeigt, in dem die Häufigkeit des Auftretens jeder Zahl von 0-9 für die von Ihnen ausgewählten Ticks dargestellt wird. Sie können sich entscheiden, es für die letzten 100, 200, 300 Ticks zu plotten. Dies wird Ihnen einen Einblick geben, wie oft jede Nummer für die vergangenen Ticks erschienen ist. Wählen Sie für die letzten 100 Ticks, wenn Sie die Statistik verwenden müssen, da sie aktuelle Informationen enthält. Beachten Sie, dass die Nummer mit dem höchsten Prozentsatz die Nummer ist, die in den letzten 100 Ticks am häufigsten aufgetreten ist.

HINWEIS:

Die Anzahl, die wir wählen, ist in keiner Weise unsere Strategie. Die Strategie liegt in der tabellarischen Formel. Und beachten Sie, dass die Zahl, die Sie wählen, Sie nicht ändern müssen, bis Sie haben. Nachdem Sie gewonnen haben, können Sie sich für eine andere Nummer entscheiden.

Sie müssen von vorne beginnen, sobald Sie gewonnen haben. (1. Versuch nach oben) Zum Beispiel, wenn Sie 8 wählen. In Ihrer ersten Testversion wurde es nicht angezeigt (Sie verlieren Ihre $ 1); 2. Versuch, es hat nicht gezeigt (Sie verlieren einen weiteren $ 1, machen $ 2); bis zum siebten Versuch (du verlierst einen weiteren $ 1, summierst bis zu $ 7) und wenn du beim achten Versuch gewinnst, gewinnst du $ 10. Dies minus die aufgelaufenen Kosten von $ 8 werden Sie mit $ 2 Profit verlassen.

Der Punkt hier ist, dass Sie die 8 (Ihre Vorhersage) nicht ändern sollten, bis Sie gewonnen haben. Wenn Sie es wagen, es zu ändern, werden Sie Ihr Geld verlieren. Nachdem Sie Ihren Treffer gemacht haben, können Sie ihn ändern oder entscheiden, mit ihm fortzufahren. Aber ändern Sie es nie, wenn ein Spiel noch nicht gewonnen hat. Sobald Sie es nicht ändern, bin ich sehr zuversichtlich, dass Sie vor Ihrem 23. Versuch gewinnen werden. Egal wie schlimm. Und denken Sie daran, egal wo Sie Ihren Treffer machen, Sie sind sicher, dass Sie zurückkehren. Bleiben Sie einfach bei der tabellierten Formel und lassen Sie sich davon leiten.

Eine weitere Warnung ist, dass DIESE STRATEGIE NUR IN 3 MONATEN VERWENDET WERDEN KANN. Wenn Sie diesen Monat verwenden und es im nächsten Monat versuchen, wird es nicht funktionieren. Dies kann aufgrund der Tatsache, dass der Broker unsere Trades beobachtet, und sobald sie Ihre Reihenfolge der Wining bemerken, werden sie den Algorithmus der Zahlen ändern. Wir wollen ihnen nicht in die Hände spielen.

Regeln der Strategie

- Öffnen Sie sowohl das virtuelle Konto als auch das echte Konto.
- Verwenden Sie das virtuelle Konto, um mit dieser Strategie zu versuchen.
- Bitte stellen Sie sicher, dass Sie mit Ihrem virtuellen Konto üben und bauen Sie Ihr Vertrauen sehr gut auf, bevor Sie sich für Real anmelden.
- Sobald Sie bereit sind, Einsätze zu machen, stellen Sie alle Ihre Parameter wie angewiesen ein
- Entscheiden Sie sich für die Nummer, die Sie verwenden möchten
- Sobald Sie beginnen, ändern Sie niemals Ihre Nummer, egal wie lange es dauert, um einen Treffer zu erzielen. Wenn Sie das tun, werden Sie verlieren.
- Seien Sie nicht hypertensiv, wenn Sie keinen Treffer erzielt haben. Es kann am 24. Versuch oder noch mehr kommen.
- Sie dürfen sich nicht in der Mitte der Einsätze entspannen. Sobald das Ergebnis für den ersten Versuch aus ist, füttere den zweiten Versuch sofort und so weiter, bis du deinen Treffer machst. Dies stellt sicher, dass Sie Ihre Studien nicht unabhängig machen, sondern voneinander abhängig sind. Dies beschleunigt Ihren Treffer.
- Basierend auf unserer Strategie werden nur 5 Treffer pro Tag erwartet. Dies kann unter 15-20 Minuten erreicht werden.
- Bei 5 Treffern pro Tag ist ein Durchschnitt von $ 20 / Tag sicher. Das gibt $ 100 / Woche. Dies gibt Ihnen Ziel von $ 400 / Monat.
- Sei nicht gierig. Wenn Sie sich dafür entscheiden, laden Sie Ärger ein.
- Sobald die 5 Treffer für den Tag gemacht wurden, loggen Sie sich aus und berechnen Sie Ihren Gewinn für den Tag.
- Wenn all dies strikt eingehalten wird, sind Ihre $ 400 im Monat mit dieser Strategie 100% garantiert.

KAPITEL FÜNF

Fazit

Lassen Sie mich zu Recht sagen, dass die unter Touch / No Touch gelehrten Prinzipien verwendet werden können, um Up / Down (Rise / Fall) zu handeln. Manchmal kann Trading Does Not Touch sehr riskant sein, in einem solchen Fall wenden Sie die Handelsstrategie Rise / Fall an.

Halten Sie sich an alle Anweisungen in diesem Book und Sie werden erstaunt sein, wie sich Ihre Welt entwickeln wird. Sei nicht gierig und sei nie pessimistisch. Sei auch nicht faul. Ich glaube, dieses eBook ist selbsterklärend. Lies aufmerksam und sei im Internet, um alles zu üben, was darin gelehrt wurde. Mit diesem Leitfaden glaube ich, dass Sie innerhalb von 12 Stunden nach dem Lesen dieses Handbuchs mit Ihrem virtuellen Konto beginnen können.

Ich lade Sie ein, die Trend-Trading-Strategien meines Freundes auszuprobieren, die in seinem Buch [Binäre Optionen: Schritt fur Schritt Anleitung zum Geld verdienen aus dem Handel mit binären Optionen.](#)

Er diskutierte detailliert über Trend - wie man den Trend sowohl manuell als auch anhand von Indikatoren kennt und wie man das Retracement eines Trends in Binäre Optionen handeln kann. Die hier skizzierten Strategien können auch für den Handel mit Volatilitätsindizes für UP / Down (Anstieg / Fall) und Touch / No Touch verwendet werden. Es ist ein sehr gutes Buch, das dir sehr helfen wird.

****

Danke fürs Lesen! Wenn Ihnen dieses Buch gefallen hat oder ich es nützlich fand, wäre ich Ihnen sehr dankbar, wenn Sie auf der Website, von der Sie dieses Book kaufen, einen kurzen Bericht schreiben würden. Ihre Unterstützung macht wirklich einen Unterschied und ich lese alle Bewertungen persönlich, damit ich Ihr Feedback erhalten und dieses Buch noch besser machen kann.

"Nochmals vielen Dank für Ihre Unterstützung!"